Rubikon-Modell, Entstehung und Regulation von Emotionen und die Bedeutung von Motivinkongruenz

GRIN ☺

Bibliografische Information der Deutschen Nationalbibliothek:

Die Deutsche Nationalbibliothek verzeichnet diese Publikation in der Deutschen Nationalbibliografie; detaillierte bibliografische Daten sind im Internet über http://dnb.d-nb.de abrufbar.

ISBN: 9783346882035
Dieses Buch ist auch als E-Book erhältlich.

© GRIN Publishing GmbH
Trappentreustraße 1
80339 München

Druck und Bindung: Books on Demand GmbH, Norderstedt Germany
Gedruckt auf säurefreiem Papier aus verantwortungsvollen Quellen

Das vorliegende Werk wurde sorgfältig erarbeitet. Dennoch übernehmen Autoren und Verlag für die Richtigkeit von Angaben, Hinweisen, Links und Ratschlägen sowie eventuelle Druckfehler keine Haftung.

Das Buch bei GRIN: https://www.grin.com/document/1361280

Inhalt

1 das Rubikon-Modell

Es ist klar, dass wenn jemand etwas erreichen möchte, aktiv handeln muss. Doch wie hängen Wünsche, Ziele, Motivation und Handlung zusammen?

Das Rubikon-Modell von Heinz Heckhausen und Peter M. Gollwitzer beschreibt die einzelnen Schritte einer Handlung. Dabei bezieht sich der Begriff „Rubikon" auf eine Metapher. „Es wird erzählt, dass Cäsar mit dem Überschreiten des Rubikon (Fluss in Italien) seinen Entschluss zum Bürgerkrieg nicht mehr rückgängig machen konnte. In der Theorie steht das Überschreiten des Rubikons für die verbindliche Festlegung auf ein Ziel, mit der eine vollständige Ausrichtung auf die Realisierung des Ziels einhergeht. Mit der Umwandlung eines Wunsches in ein Ziel wird der „Rubikon" überschritten" (Jansen, 2018, S. 102 - 107)

Das Rubikon-Modell ist in vier Stufen, auch Handlungsstrom genannt, aufgeteilt. Dieser Handlungsstrom beginnt mit der Entscheidung etwas zu tun und endet mit der Zielerreichung. Dabei gibt es die vier folgenden Stufen:

Das Abwägen, das auch als prädezisionale Phase bezeichnet wird, ist motivational gesteuert und realitätsorientiert. Hier geht es darum, sich verschiedene Handlungsoptionen zu vergegenwärtigen, diese abzuwägen und die Lage einzuschätzen. Die Phase wird mit der Intentionsbildung: die Person entscheidet etwas zu tun und überschreitet so den „Rubikon".

Achtziger, P. M. Gollwitzer, 2018, S. 357 - 361

Jansen, 2018, S. 102 - 107

Moskaliuk, 2017, Vier Phasen der Motivation: Rubikon-Modell

Schwab, 2009, Selbstgesteuertes Lernen: Volitionale Aspekte

Der nächste Schritt besteht aus der Planungsphase, auch postdesizionale Phase genannt und ist volitional gesteuert und realisierungsorientiert. . Hier geht es darum zu planen, wie das Ziel erreicht werden soll. Der Fokus liegt also darin, welche Informationen für die Umsetzung des Ziels benötigt werden. (ebd.)

Das Handeln, auch als aktionale Phase bezeichnet, ist die dritte Phase und ist ebenfalls volitional gesteuert und realisierungsorientiert. In dieser Phase erfolgen alle Aktivitäten, die zur Zielerreichung dienen.

(ebd.)

Schließlich bildet die Bewertungsphase, auch als postaktionale Phase bekannt, die vierte und letzte Phase und ist genau wie die erste Stufe motivational gesteurt und realitätsorientiert. Hier wird bewertet, ob das Ziel erreicht wurde und es werden die Ursachen für Erfolg bzw. für Misserfolg ermittelt.

Achtziger, P. M. Gollwitzer, 2018, S. 357 - 361

Jansen, 2018, S. 102 - 107

Moskaliuk, 2017, Vier Phasen der Motivation: Rubikon-Modell

Schwab, 2009, Selbstgesteuertes Lernen: Volitionale Aspekte

Das Modell lässt sich am folgendem Beispiel veranschaulichen: Eine Person entscheidet sich Joggen zu gehen, denn sportliche Aktivität wirkt sich positiv auf die Fitness und das Wohlbefinden aus. Nachdem die Person abgewogen hat, ob sich die körperliche Anstrengung und der Aufwand lohnen, hat sich die Person schließlich für das Joggen entschieden und somit den Rubikon überquert. Nachdem die Person die Durchführung geplant hat, wird das Ziel in Tat umgesetzt. Am Ende wird das Ziel bewertet.

1.1 Motivation und Volition

Die Motivation und Volition sind wichtige Bestandteile des Rubikon-Modells. Während unter Motivation die Verhaltensbereitschaft in Richtung eines Ziels verstanden wird und Motivation aus Bedürfnissen wie nach Wissen, sozialer Anerkennung, Leistung, Selbstachtung oder Sicherheit entsteht. Die Frage ist hier immer, welche Ziele angestrebt werden sollen.

Achtziger, P. M. Gollwitzer, 2018, S. 357 – 361

Jansen, 2018, S. 102 – 107

Moskaliuk, 2017, Vier Phasen der Motivation: Rubikon-Modell

Volition bezeichnet dagegen den Willen und das Streben nach den gesetzten Zielen. Die Volition spielt also in dem Moment, in dem aktiv damit begonnen wird das Ziel umzusetzen, eine große Rolle. Dabei stellt sich die Frage: „wie die handelnde Umsetzung einer bereits gesetzten Zielintention reguliert wird?

Achtziger, P. M. Gollwitzer, 2018, S. 357 – 361

Jansen, 2018, S. 102 – 107

Moskaliuk, 2017, Vier Phasen der Motivation: Rubikon-Modell

1.2 Einsatz der Handlungskontrollstrategien nach Kuhl

Unter Handlungskontrollstrategien werden Strategien verstanden, die vorhandene oder sich entwickelnde Intentionen bzw. Absichten gegen konkurrierende Motivationstendenzen abschirmen. Diese Handlungskontrollstrategie wurde 1983 von Kuhl entwickelt und ist eine Erweiterung des Rubikon-Modells. In seiner Handlungsregulationstheorie 1983 rückt Kuhl seine Ansicht, „dass sich Menschen in ihrer Handlungsregulation aber unterscheiden können und diese Unterschiede auf ihre Fähigkeit zur Regulation von Emotionen zurückgeht" (Jansen, 2018, S. 107 - 111) in dem Mittelpunkt der Betrachtung.

Jansen, 2018, S. 107 - 111

Schwab, 2009, Selbstgesteuertes Lernen: Volitionale Aspekte

Die Handlungskontrollstrategie soll nun Schritt für Schritt am Beispiel vom Lernen auf eine Klausur erklärt werden:

1. Aufmerksamkeitskontrolle: Die Aufmerksamkeit auf Informationen lenken, die für die Zielerreichung erforderlich sind.

2. Enkodierungskontrolle: Merkmale von Reizen, die mit dem aktuellen Ziel in Verbindung gebracht werden, werden tiefer gespeichert.

3. Motivationskontrolle: „Sich die positiven Anreize des Ziels vor Augen halten." (Jansen, 2018, S. 107 – 111)

4. Emotionskontrolle: Auch hier gibt es Emotionen, die für die Ziel Erreichung förderlich sind, die Person versucht also genau solche Gefühle zu erzeugen, denn negative Emotionen wirken sich

5. Umweltkontrolle: Aus der Umgebung ablenkende bzw. störende Reize entfernen.

Achtziger, P. M. Gollwitzer, 2018, S. 357 - 361

Jansen, 2018, S. 102 - 107

Moskaliuk, 2017, Vier Phasen der Motivation: Rubikon-Modell

Schwab, 2009, Selbstgesteuertes Lernen: Volitionale Aspekte

Am folgendem Beispiel lässt sich das Modell veranschaulichen: Ein_e Schüler_in entscheidet sich dafür, eine Präsentation in z. B. Geschichtsunterricht zu halten. Diese Präsentation muss aber erst vorbereitet werden. Der_die Schüler_in sucht sich also ein Thema aus und geht an die Recherche. Während dieser Recherche fokussiert er_sie seine_ihre Aufmerksamkeit auf Webseiten, Literatur und Inhalte, die relevant für seine_ihre Präsentation sind. Wenn der_die Schüler_in einen Text gefunden hat und diesen durchließt speichert er_sie nur die Informationen ab, die für seine_ihre Präsentation relevant sind. Damit der_die Schüler_in motiviert wird bzw. motiviert bleibt hält er_sie sich das Ziel vor Augen, dass diese Präsentation ihm_ihr dabei hilft eine bessere Note in diesem Fach z. B. Geschichte, zu bekommen. Wenn der_die Schüler_in nicht genug oder gute Literatur gefunden hat und deshalb genervt ist, sollte er_sie sich durch eine angenehme Aktivität emotional wieder aufrappeln. Der_Die Schüler_in sollte alle während der Recherche, aber auch hinterher bei der Ausarbeitung der Präsentation, alle ablenkenden Reize aus der Umgebung entfernen z. B. das Handy ausschalten, in einem Raum arbeiten, in dem er_sie nicht gestört wird und an einem Arbeitsplatz arbeiten, das frei von Ablenkungen ist.

Waren Sie heute schon glücklich über etwas oder haben Sie sich geärgert? All dies, Freude, Wut, Überraschung, Stolz, Ärger und Angst sind Emotionen, aber dies sind nur ein kleiner Teil unserer Emotionen. Während wir manchmal nicht genug von Emotionen bekommen oder andere Emotionen erneut erleben wollen, sind wir von manch anderen Emotionen genervt.

Bak (2019) S. 145 -1 46

Der Begriff Emotion stammt aus dem lateinischen und bedeutet „herausbewegen", „vertreiben" oder „unterbrechen". Dieser Begriff wurde für Migrationsbewegungen von Menschen, aber auch für tektonische Bewegungen verwendet. „Auf die Psyche übertragen, bezeichnete der Begriff die Störung eines Gleichgewichts." (Jansen, 2018, S. 9 – 10)

Laut Jansen (2018, S. 9 – 10): „Kein anderer Bereich des seelischen Geschehens weist so viele verschiedene Qualitäten, Nuancen und Intensitätsgrade auf wie Gefühle und Emotionen."

Bis her gibt es keine einheitliche Definition von Emotion, die auch alle akzeptieren würden, aber dafür gibt es mehrere verschiedene Definitionen. Laut Myers, Hoppe-Graff und Keller (2014, S. 496) ist Emotion als „Reaktion des ganzen Organismus, die 1. Physiologische Erregung, 2. Ausdrucksverhalten und 3. Bewusste Erfahrung beinhaltet". Brandstätter, Schüler, Puca, & Lozo (2013, S. 130) beschreiben dagegen: „Emotionen haben subjektive erfahrbare und objektive erfassbare Komponenten, die zielgerichtetes Verhalten begleiten beziehungsweise fördern, das dem Organismus eine Anpassung an seine Lebensbedingungen ermöglicht." Sven Barnow (2017, S. 7 – 11) definiert Emotion wie folgt: „Unter Emotionen versteht man meist schnell einschießende Gefühlszustände wie beispielsweise Angst und Ärger, aber auch Ekel, Trauer, Überraschung oder Freude. Sie können sich stark oder schwach anfühlen, kurz oder etwas länger andauern und haben immer eine positive bzw. negative Ausrichtung." Im Vergleich definieren Stemmler, Schmidt-Atzert, & Peper (2014, S. 25–26) direkt hintereinander die Begriffe „Emotion", „Gefühl" und „Ausdruck". Dabei definieren Stemmler et al. (2014, S. 28) Emotion wie folgt: „Emotionen sind von Persönlichkeitseigenschaften abzugrenzen. Im Alltag werden Menschen auch als „ängstlich", „zornig" oder „traurig" beschrieben. Damit ist gemeint, dass diese Menschen (situationsübergreifend) eher dazu neigen als andere, die genannten Emotionen zu zeigen. Das wesentliche Unterscheidungsmerkmal zwischen Emotion und Eigenschaft ist aber der zeitliche Bezug. Emotionen sind als „State" im Gegensatz zur Eigenschaft als „Trait" nur von zeitlich begrenzter Dauer. „

Ebenso grenzen Stemmler et al. Und auch Bak (2019, S. 145 – 146) Stimmungen von Emotionen ab. Stimmungen halten zwar länger an, sind aber dafür weniger intensiv wie Emotionen. „Während Stimmungen der Hintergrund sind, vor dem sich Denken, aber auch Emotionen abspielen, sind Emotionen immer auf konkrete Objekte ausgerichtet und zeitlich begrenzt." (Jansen, 2018, S. 9 – 10)

Der Begriff Gefühl hingegen bezieht sich nur auf die erlebnisbezogene Komponente der Emotion

Bak, 2019, S. 145 -146

Barnow, 2017, S. 7 – 11

Brandstätter et al., 2013, S. 130

Jansen, 2018, 9 – 10

Myers et al., 2014, S. 496

Stemmler et al., 2014, S. 28

2.1 Die Entstehung von Emotionen

Das limbische System ist ein Teil des Gehirns und es setzt sich aus mehreren Strukturen zusammen. Im limbischen System werden Emotionen erzeugt, die nicht bewusst wahrgenommen werden. Erst wenn die Signale vom limbischen System in die Hirnrinde gelangen, werden Emotionen bewusst wahrgenommen.

Osterath, 2018, Emotion und Bewusstsein: Angst und Freude entstehen im Kortex

Wenn jemand durch den Wald spaziert und dabei einem Bären begegnet, der_die bekommt zwei Mal Angst, es gibt nämlich zwei Mechanismen, der eine analysiert die Situation schnell, aber grob, dabei findet folgender Ablauf statt: Die Information gelangt von den Sinnesorganen direkt über den Thalamus zur Amygdala. Die Amygdala wird wegen seiner Form auch Mandelkern genannt und ist ein Teil des limbischen Systems. Die Amygdala beurteilt in wenigen Millisekunden, ob der Reiz schädlich oder nützlich für uns ist. Im obigen Beispiel mit dem Bären kommt die Amygdala zu dem Schluss, dass dieser eine Gefahr darstellt und kurbelt dem entsprechend über den Hypothalamus und über den Hirnstamm die entsprechende Verteidigungsreaktion an. Die Folge: Das Herz beginnt schneller zu schlagen, der Blutdruck steigt, der Schweiß bricht aus. All dies passiert noch bevor wir Angst haben. Der Sinn des Ganzen ist, dass der Mensch so entweder auf Kampf oder Flucht vorbereitet wird und nicht lange über sein Handeln nachdenken muss.

Osterath, 2018, Emotion und Bewusstsein: Angst und Freude entstehen im Kortex

Der zweite Mechanismus ist, das der Weg vom Thalamus zur Hirnrinde verläuft. Dieser Weg ist zwar deutlich langsamer, aber dafür detaillierter. Hierbei sind die „Sehrinde, dessen Aktivierung uns den Bären bewusst wahrnehmen lässt, sowie der Hippocampus, aus dem Gedächtnisinhalte abgerufen werden – das Gehirn vergleicht die gegenwärtige Situation also mit früheren Erlebnissen beteiligt. Eine bedeutende Rolle spielt auch der Präfrontale Cortex (PFC) Er verarbeitet Emotionen, indem er sie in das Gesamtbild integriert, und zieht daraus Schlüsse für die beste Handlung. Und er ist die Hirnregion, in der emotionale Reize aus dem limbischen System in bewusste Gefühle umgewandelt werden." (Osterath, 2018)

„aus Sicht der Evolution sind Emotionen jedoch nichts anderes als ein Weg des Körpers, äußere Reize zu beurteilen und entsprechend darauf zu reagieren: Die Angst vor dem wilden Bären und der Ekel vor verdorbenem Fleisch warnen uns vor Gefahren für Leib und Leben." (ebd.)

Osterath, 2018, Emotion und Bewusstsein: Angst und Freude entstehen im Kortex

2.2 die Regulation von Emotionen im beruflichen Alltag und Emotionsarbeit

Es ist ein großer Unterschied, ob Emotionen nur erlebt werden oder ob diese auch gezeigt werden. Emotionen können auch aktiv beeinflusst werden, dies wird Emotionsregulation genannt. „Emotionsregulation dient dazu, Einfluss auf erlebte Emotionen zu nehmen, um den Anforderungen der Umwelt gerecht zu werden beziehungsweise um weiterhin handlungsfähig zu bleiben." (Jansen, 2018, S. 83)

Durch Emotionsregulation können negative Emotionen unterdrückt und positive Emotionen verstärkt werden. Jansen (2018, S. 83) erklärt Emotionsregulation wie folgt: „Emotionsregulation umfasst somit alle Prozesse, mit denen Menschen Einfluss darauf ausüben, welche Emotionen sie erleben, wann sie diese erleben, wie sie diese erleben und unter Umständen auch zum Ausdruck bringen." Es gibt zwei Arten von Emotionsregulation, während die Automatische erst seit, vergleichsweise, kurzer Zeit erforscht wird und unbewusst abläuft, läuft die Kontrollierte bewusst und unter Anstrengung ab. Die Gründe für Emotionsregulation ist sozialer Natur, denn Emotionsregulation wird dafür eingesetzt, soziale Ziele zu erreichen, wobei laut Jansen (2018, S. 84) folgende Ziele unterschieden werden können: „Ziel des Impression Managements:

Impression Management meint die Steuerung des Eindrucks, den andere von einem Menschen haben. Demnach versuchen Menschen ihre Emotionen zu kontrollieren, um keinen negativen Eindruck zu hinterlassen. So könnte eine Person in Anwesenheit von Kollegen ihre Flugangst unterdrücken, um nicht als irrational zu erscheinen; Prosoziale Ziele: Emotionen können auch deshalb reguliert werden, um andere zufriedenzustellen oder sie zu beschützen. So könnte eine Person sich über ein Geburtstagsgeschenk freuen, mit dem sie überhaupt nichts anfangen kann, nur um die Schenkenden nicht zu verletzen; Ziel der sozialen Kontrolle: Emotionen können auch reguliert werden, um andere zu manipulieren. So könnte eine Person instrumentell weinen, um Aufmerksamkeit, Trost und Hilfe zu erhalten."

Bak, 2019, S. 155

Jansen, 2018, S. 83 – 86

Auch im beruflichen Alltag gibt es Regelungen, die einen Einfluss auf die Emotionsregulation haben. Dem entsprechend ist die Fähigkeit die Emotionen zu regulieren bzw. zu manipulieren eine Arbeitsanforderung. So müssen Lehrer_innen seine/ihre Genervtheit, wenn ein_e Schüler_in zu spät zum Unterricht kommt unterdrücken; Flugbegleiter_innen müssen in jeder Situation freundlich zu den Fluggästen sein, auch wenn es schwierige Fluggäste sind oder Polizisten müssen, in besonderen Situationen, ihren Ärger ausdrücken können.

Krause, Philipp, Bader & Schüpbach, 200, S. 309- 334

Jansen, 2018, S. 83 - 86

Dadurch, dass die Fähigkeit zur Emotionsregulation eine Arbeitsanforderung sein kann, „wurde der Emotionsregulation im Arbeitskontext ein eigener Terminus gegeben. Hochschild (1983) hat diesbezüglich den Begriff Emotionsarbeit eingeführt." (ebd.)

Damit wird gemeint, dass im Arbeitskontext bestimmte Gefühle unterdrückt oder erzeugt werden, nur um nach Außen eine bestimmte Wirkung zu haben und damit beruflichen Erfolg zu erreichen.

Jansen, 2018, S. 83 - 86

Laut Brandstätter et al. (2013, S. 178–179) unterscheidet Hoch-schild (1983) zwischen den zwei folgenden Formen der Emotionsarbeit: „Surface acting: Bei dieser Emotionsarbeit wird nur der emotionale Ausdruck unterdrückt, während das Erleben der Emotion zugelassen wird." (ebd.) Beispielsweise würde die Flugbegleiterin, aus dem Beispiel oben, zwar lächeln, sich aber dennoch über den schwierigen bzw. unfreundlichen Fluggast ärgern.

„Deep acting: Bei dieser Form der Emotionsarbeit wird das Erleben der Emotion unterdrückt, sodass der emotionale Ausdruck gar nicht erst aufkommt." (ebd.)

Dies könnte durch eine andere Sichtweise bzw. durch einen anderen Blickwinkel auf die Situation geschehen. Beispielsweise könnte sich die Flugbegleiterin sagen, dass solche, schwierige, Gäste zum Alltag der Flugbegleiter gehören und die Folge wäre, dass sich die Flugbegleiterin weniger über solche Leute aufregen würde.

Bak, 2019, S. 155 - 157

Brandstätter et al., 2013, S. 178–179)

Krause, Philipp, Bader & Schüpbach, 200, S. 309- 334

Jansen, 2018, S. 83 – 86

3 explizite und implizite Motive

McClelland, Koestner & Weinberger (1989, S. 690–70) gingen davon aus, dass das menschliche Verhalten durch viele verschiedene Motive gesteuert wird. McClelland et al. Beschrieben die drei Motive, Anschluss, Leistung und Macht, als die wichtigsten. Diese Motive haben einen Einfluss auf das menschliche Verhalten und zählen zu den impliziten Motiven. Wichtig zu erwähnen ist auch, dass alle Motive in ihrer Ausrichtung jeweils ein Erwartungsmotiv oder ein Vermeidungsmotiv einbeziehen. Beispielsweise beinhaltet das Anschlussmotiv auf der einen Seite die Hoffnung auf Anschluss und auf der anderen Seite die Furcht vor Zurückweisung

Der Grundgedanke von McClelland ist: „implizite und explizite Motive nehmen auf unterschiedliche Aspekte des Verhaltens Einfluss." (McClelland et al., 1989, S. 690, 691 - 692)

Während implizite Motive durch operantes Verhalten zum Ausdruck kommen, kommen explizite Motive durch respondentes Verhalten zum Ausdruck.

Brunstein, 2006, S. 147 – 150

McClelland et al. (1989, S. 690–70)

Operantes Verhalten wird definiert als: „Verhalten, dass unter Eigeninitiative der Person entsteht und über einen längeren Zeitraum wiederholt wird." (Vollmeyer & Brunstein, 2005, S. 65).

Dagegen wird respondentes Verhalten folgendermaßen definiert: Verhalten, „das durch klar identifizierbare Umstände der Situation hervorgerufen [...], bewusst abgewogen und reflektiert [...] und durch eine Person willentlich beeinflusst werden kann." (ebd.)

Laut Jansen (2018, S. 93 – 94) basieren Implizite Motive „auf frühkindlichen, vorsprachlichen affektiven Erfahrungen von Kindern mit bestimmten Anreizen."

Beispielsweise würde dies für den Fall des Leistungsmotivs bedeuten, dass es sich dabei um die positive affektive Erfahrung handelt, denn es wird Stolz erlebt, wenn eine (schwere) Aufgabe erledigt wurde. „Durch diese affektiven Erfahrungen bilden sich stabile Präferenzen für bestimmte Anreize heraus, die auch in Zukunft vergleichbare Affekte verspreche." (Brandstätter et al. 2013, S. 68; Brunstein 2010, S. 237–239)

Dagegen basieren explizite Motive auf Erwartungen und Anforderungen von Regeln, wichtigen Bezugspersonen und von gesellschaftlichen Normen. „Sie sind Teil des Selbstkonzeptes und bestehen aus bewussten Selbstzuschreibungen" (Brandstätter et al. 2013, S. 68; Brunstein 2010, S. 237–239; Jansen, 2018, S. 93 – 94)

Es handelt sich also nicht um affektgesteuerte, sondern um kognitive Bedürfnisse.

Diese Bedürfnisse basieren auf sozialen Interaktionen und sind eng an Sprache gebunden, deshalb bleiben diese auch im Erwachsenenalter der Sprache zugänglich.

So können explizite Motive auch per Selbstbericht über den Fragebogen erfasst werden.

Explizite Motive haben einen steuernden Charakter, während dagegen implizite Motive einen energetisierenden Charakter haben. explizite und implizite Motive sind zwei unabhängige Motivsysteme, trotzdem wirken sie zusammen.

Brandstätter et al. 2013, S. 68

Brunstein, 2006, S. 147 – 150

McClelland et al. (1989, S. 690–70)

Jansen, 2018, S. 93 – 94

Vollmeyer & Brunstein, 2005, S. 65

Wie oben erwähnt interagieren explizite und implizite Motive miteinander. Motivinkongruenz meint dagegen, die mangelnd übereinstimmende Ausprägung von diesen. Laut McClelland et al. (1989) entsteht Motivinkongruenz zum einen: „dass implizite Motivanregungen nicht ausreichend gut wahrgenommen werden. Damit können diese Informationen auch nicht zur expliziten Zielsetzung genutzt werden." Einfach gesagt werden die impliziten und affektiven Motivanregungen oft nicht gut wahrgenommen und können deshalb auch nicht als Information für die expliziten Zielsetzungen genutzt werden. (Brandstätter et al 2013, S. 67 – 77)

Zum anderen „wird angenommen, dass eine starke Orientierung an Umweltfaktoren und eine zugleich geringe Orientierung an in der Person liegenden Informationsquellen (zum Beispiel Affekten) zur Inkongruenz führen kann." (ebd.)

Diese Annahmen sind empirisch nachgewiesen und zeigen, „dass implizite und explizite Motive dann positiv miteinander zusammenhingen – also Motivkongruenz vorlag –, wenn Personen einen guten Zugang zu ihrem Körpergefühl hatten (»private body consciousness«) und über das Zusammenspiel von impliziten und expliziten Motiven eine niedrige Ausprägung der Selbstüberwachung (»selfmonitoring«) verfügten." (Brandstätter, 2013, S. 67 – 77)

Dem entsprechend meint Motivkongruenz die übereinstimmende Ausprägung dieser beiden Motivsysteme und je nach der Ausprägung der impliziten oder expliziten Motive werden vier verschiedene Motivkongruenztypen unterschieden, nämlich:

otivkongruenztyp I: Hier sind sowohl die expliziten, als auch die impliziten Motive gering ausgeprägt. Beispielsweise wäre dies im Bereich des Leistungsmotivs der Fall, wenn sich jemand nicht mit den eigenen Zielen auseinander setzt bzw. diese Ziele nicht verfolgt oder „für sie

Leistungsorientierung kein besonderer Teil des Selbstkonzeptes ist."
(Jansen, 2018, S. 98 – 101)

Bei diesem Typ gibt es weder eine Kollisierung von expliziten und impliziten Motiven, noch kommt es zu einer Energetisierung des Verhaltens.

Motivkongruenztyp II: hier sind sowohl explizite als auch implizite Motive hoch ausgeprägt. Beispielsweise wäre dies „im Bereich des Leistungsmotivs der Fall, wenn bei einer Person durch das hohe explizite Motiv das Setzen von anspruchsvollen Leistungszielen mit dem Erleben von Erfolg einhergeht und damit wiederum das implizite Motiv befriedigt wird." (ebd.)

Auch hier gibt es keine Kollision der beiden Motivsysteme, doch dafür kommt es zu einer Energetisierung

Motivinkongruenztyp I: In diesem Fall sind die expliziten Motive gering ausgeprägt, dafür sind die impliziten Motive hoch ausgeprägt. In diesem Fall kollidieren implizite und explizite Motive. Beispielsweise würde dies bedeuten, dass jemand zwar ein hohes Verlangen nach Herausforderungen bzw. herausfordernden Aufgaben hat, aber „auf der anderen Seite entwickelt das niedrige explizite Leistungsmotiv keine ausreichend anspruchsvollen Leistungsziele, sodass sich die Person zumeist in leistungsneutralen Umgebungen aufhält. Das implizite Motiv kann sich also nicht entfalten und die Motivbefriedigung tritt nicht ein. Personen dieses Typs könnten sich unter anderem folgendermaßen äußern: „Ich habe das Gefühl, nicht so zu handeln, wie ich wirklich bin"."
(Jansen, 2018, S. 98 – 101)

Motivinkongruenztyp II: In diesem Fall ist sind die expliziten Motive hoch ausgeprägt, aber dafür sind die impliziten Motive gering ausgeprägt. Auch hier kollidieren beide Motivsysteme. Beispielsweise setzt sich eine Person hohe Ansprüche bzw. Ziele, doch für die erfolgreiche Lösung dieser Ziele fehlt dann aber die ausreichende Ausprägung des impliziten Leistungsmotivs. Da die gewählte Tätigkeit an sich kein Spaß macht und der Antrieb fehlt um die

Tätigkeit zu machen, muss die notwendige Energie alleine aus den extrinsischen Anreizen, dies bedeutet, dass die Anreize bzw. Einflüsse von der Umgebung kommen müssen, dies kann z. B. Anerkennung durch andere sein oder das Erreichen einer bestimmten beruflichen Position oder eines bestimmten Gehalts sein. „Personen dieses Typs könnten sich unter anderem folgendermaßen äußern: „Ich muss mich überwinden, die Tätigkeit anzugehen".“ (ebd.)

Jansen, 2018, S. 98 – 101

3.2 Die negativen Folgen von Motivinkongruenz

Motivinkongruenz kann negative Folgen haben, denn sie ist ein dauerhaft wirkender intrapsychischer Stressor und beeinflusst die sowohl das psychische als auch das physische Wohlbefinden, damit wird auch die Lebenszufriedenheit beeinflusst. Mit Hilfe von Motivinkongruenz kann auch Unwohlsein erklärt werden. Brandstätter et al. (2013, S. 75) erklärt dies so: „wenn „das Herz (implizite Motive) und der Kopf (explizite Motive) nicht das Gleiche wollen" und bringt das folgende Beispiel: „Vor diesem Hintergrund kann es sein, dass eine Person sich in ihrem „Traumjob" unwohl fühlt, obwohl entsprechend der kognitiven Einschätzung der Person alles richtig ist. Dies kann dann damit erklärt werden, dass alle jene neuen Herausforderungen und ständig wechselnden Projekte sowie erweiterten Handlungsspielräume letztlich auf ein geringes implizites Leistungsmotiv treffen und somit zu wenig intrinsische „Energie" vorhanden ist, sodass eine ständige Willensanstrengung nötig ist, um erfolgreich sein zu können beziehungsweise die expliziten Motive zu befriedigen."

3.3 Präventions-, Interventionsmaßnahmen und Veränderung von otivinkongruenz

Laut Brandstätter (2013) führen die Fähigkeiten „nonverbale Körpergefühle aufmerksam wahrzunehmen und eine geringe Neigung, die soziale Angemessenheit des eigenen Verhaltens zu bewerten "zur Entwicklung des Selbstbildes, welches zu den impliziten Motiven passt. Außerdem gelingt es handlungsorientierten Personen besser, als lageorientierten Personen, negative Emotionen nach z. B. Frustrationen oder Misserfolgen, schnell zu senken, dies führt zu einer Entspannung und Entspannung ist laut Brandstätter gut, denn „Entspannung wiederum ist notwendig, um einen Zugriff auf das implizite Motivationssystem zu haben, der wiederum eine motivpassende Zielwahl begünstigt"

Doch zur Veränderung von otivinkongruenz oder dessen Folgen gibt es kaum Arbeiten. Erste Studien weisen auf emotionale Bewältigungsstrategien z. B. das Mitteilen emotionaler Erlebnisse (»emotional disclosure«), die die negativen Folgen vermindern können. Es gibt Grundgedanken zur Prävention, diese basieren auf folgendem Gedanken: „dass Menschen häufig Ziele setzen, die nicht zu den eigenen impliziten Motiven passen und dass eine bessere Abstimmung der Ziele an die impliziten Motive gelingt, wenn Menschen ihre Affekte und weniger rationale Überlegungen bei der Zielsetzung berücksichtigen." (Brandstätter et al., 2013, S. 67 – 77)

Außerdem vermutet Brunstein (1989), „dass das Imaginieren von Zielen, also die lebhafte Vorstellung des Prozesses der Zielverfolgung, eine Brücke zwischen den abstrakten impliziten Motiven und den konkreten expliziten Zielsetzungen darstellen kann. Die gedankliche Simulation von Handlungsabläufen fokussiert auf die Erfahrungen und Affekte während des Zielstrebens." Diese auf Erfahrungen basierte Informationsverarbeitung kommt den impliziten Motiven näher rationale Abwägungsprozesse. (ebd.)

„Eine Weiterentwicklung dieser Methode, Ziele den impliziten Motiven anzupassen, ist, über verschiedene Zieloptionen zu fantasieren und hierbei den Fokus auf motivspezifische affektive Anreize wie Freude und Flow (Leistung), Glück (Anschlussmotiv) und ein Gefühl der Stärke (Machtmotiv) zu legen. Die auf dieser Grundlage gewählten Ziele weisen eine höhere Übereinstimmung mit den impliziten Motiven auf als Ziele, die von den Personen nicht über einen Zugriff über den Affekt »analysiert« werden."

Brandstätter, 2013, S. 67 – 77

McClelland, 1989, S. 690–702

Jansen, 2018, S. 98 – 101

Literaturverzeichnis

Achtziger & Gollwitzer (2018). Motivation und Volition im Handlungsverlauf. Wiesbaden: Springer

Bak P.M. (2019) Was sind Emotionen?. In: Lernen, Motivation und Emotion. Angewandte Psychologie Kompakt. Berlin, Heidelberg: Springer

Brandstätter, V., Schüler, J., Puca, R. M. & Lozo, L. (2013). Motivation und Emotion. Allgemeine Psychologie für Bachelor ; mit 9 Tabellen ; [Lesen, Hören, Lernen im Web] (Springer-Lehrbuch) Berlin: Springer.

Brandstätter V., Schüler J., Puca R.M., Lozo L. (2018) Implizite und explizite Motive: Zwei voneinander unabhängige Motivationssysteme.

In: Motivation und Emotion. Springer-Lehrbuch. Berlin, Heidelberg: Springer

Brunstein J. (2006) Implizite und explizite Motive. In: Heckhausen J., Heckhausen † H. (eds) Motivation und Handeln. Springer-Lehrbuch. Berlin, Heidelberg: Springer,

Brunstein J.C., Heckhausen H. (2010) Leistungsmotivation. In: Heckhausen J., Heckhausen H. (eds) Motivation und Handeln. Springer-Lehrbuch. Berlin, Heidelberg: Springer

Brunstein J.C. (2018) Implizite und explizite Motive. In: Heckhausen J., Heckhausen H. (eds) Motivation und Handeln. Springer-Lehrbuch. Berlin, Heidelberg: Springer,

Krause A., Philipp A., Bader F., Schüpbach H. (2008) Emotionsregulation von Lehrkräften: Umgang mit Gefühlen als Teil der Arbeit. In: Krause A., Schüpbach H., Ulich E., Wülser M. (eds) Arbeitsort Schule. uniscope. Die SGO-Stiftung für praxisnahe Managementforschung. Gabler

Jansen, L. (2018). Allgemeine Psychologie II.: Emotion (1. Aufl.). Riedlingen: Studienbrief der SRH Fernhochschule

Jansen, L. (2018). Allgemeine Psychologie II.: Motivation und Volition (1. Aufl.). Riedlingen: Studienbrief der SRH Fernhochschule

McClelland, D. C.; Koestner, R.; Weinberger, J. (1989): How do self-attributed and implicit motives differ? In: Psychological Review 96 (4), S. 690–702

Myers, D. G., Hoppe-Graff, S. & Keller, B. (2014). Psychologie (Springer-Lehrbuch, 3., vollst. überarb. und erw. Aufl.). Berlin: Springer

Moskaliuk, J. (2017) Vier Phasen der Motivation: Rubikon-Modell. Abgerufen von

ichraum.de › vier-phasen-der-motivation-rubikon-modell

Rothermund, Klaus (2012) 3. Motivation: Definition und Eigenschaften. Abgerufen von

wpgs.de › fachtexte › motivation-definition-und-eigensch...

Schwab, S. (2009). Selbstgesteuertes Lernen: Volitionale Aspekte. München: GRIN Verlag

Stemmler, G., Schmidt-Atzert, L. & Peper, M. (2014). Emotionspsychologie. Ein Lehrbuch (2., vollständig überarbeitete und erweiterte Auflage). s.l.: W. Kohlhammer Verlag

Osterath, 2018, Emotion und Bewusstsein: Angst und Freude entstehen im Kortex. Abgerufen von

www.dasgehirn.info › emotion › bewusste-gefuehle

Vollmeyer & Brunstein (2005). Motivationspsychologie und ihre Anwendung (1. Aufl.) Berlin: Springer